Texte
Pierre Labrie

Salto

La petite grenouille qui saute plus haut que ses rêves

Illustrations
Tristan Demers
Couleurs : Fabien Rypert

Duo d'espions

boomerang

Pierre : à Hubert et Adèle, mes deux espions préférés.

Texte : Pierre Labrie
Illustrations : Tristan Demers
Couleurs : Fabien Rypert
Conception graphique : Bruno Ricca

Gouvernement du Québec – Programme de crédit d'impôt pour l'édition de livres –
Gestion SODEC

Boomerang éditeur jeunesse remercie la SODEC pour l'aide accordée
à son programme éditorial.

Nous reconnaissons l'aide financière
du gouvernement du Canada par l'entremise
du Fonds du livre du Canada (FLC)
pour nos activités d'édition.

Dépôt légal – Bibliothèque et Archives nationales du Québec,
3e trimestre 2013

ISBN 978-2-89595-700-3
Imprimé au Canada

FSC
www.fsc.org
MIXTE
Papier issu de sources responsables
FSC® C103430

boomerang

Salto est une très, très, très petite grenouille qui rêve de devenir un grand espion. Son rêve, il le réalisera peut-être bientôt, car il s'est inscrit à un camp de soir pour apprentis-espions. Salto a bien hâte d'apprendre quelles seront les équipes. Il sait que son ami Trefflé l'écureuil roux s'est inscrit lui aussi.

Enfin ! C'est le premier soir du camp ! Les quatre équipes seront bientôt formées ! Tous les apprentis-espions attendent le verdict.

« J'aimerais que Trefflé et moi soyons ensemble! »
souhaite fortement Salto en silence.

« Équipe numéro 1: Siffleux la marmotte et Drazel le lézard! »

« Équipe numéro 2: Tamias le petit suisse et Ranidaé la grenouille des bois! »

« Équipe numéro 3: Papatte le lièvre et Costaud le raton laveur! »

« Et la dernière équipe, l'équipe numéro 4: Trefflé l'écureuil roux et Salto la grenouille! »

Yééé! Salto et Trefflé ont confiance qu'ils formeront une bonne équipe! Depuis le temps qu'ils rêvent de devenir de vrais espions.

«Trefflé, nous réalisons un rêve, c'est merveilleux!»

Après la formation des équipes, les moniteurs expliquent tout ce qu'apprendront les apprentis-espions pendant les cinq jours de ce camp de soir.

« Vous apprendrez plusieurs techniques d'espionnage! »
« Vous apprendrez à communiquer avec des signes! »
« Vous apprendrez à observer les indices! »
« Vous deviendrez des maîtres du déguisement! »
« Et finalement, la meilleure équipe d'apprentis-espions sera couronnée lors du Gand championnat des espions en herbe! »

Pendant trois longs soirs de camp, les apprentis-espions apprennent tout ce qu'ils peuvent de leurs moniteurs. Ils sont attentifs et travaillants. Apprendre des signes, trouver des indices, maîtriser l'art du déguisement, voilà beaucoup de travail à accomplir !

Hourra! Tous les apprentis-espions sont enfin prêts pour le grand soir. Il commence à se faire très, très, très tard et les deux amis rentrent dormir à la maison. Ils auront besoin d'une bonne journée de sommeil afin de reprendre des forces avant le championnat.

«Bonne nuit, Salto!»
«Bonne journée, Trefflé!» répond Salto en riant.

Arrivés chacun chez soi, Salto et Trefflé expliquent à leurs parents tout ce qu'ils ont appris durant la soirée. Puis, épuisés, les deux bons amis s'endorment et rêvent d'espionnage...

C'est enfin le grand soir ! Aujourd'hui, c'est le Grand championnat des espions en herbe ! Toutes les équipes sont prêtes.

« Notre équipe est prête à relever tous les défis ! » lance Salto.

Les moniteurs expliquent donc les différentes épreuves du championnat aux quatre équipes participantes…

« Vous avez compris les règlements ? »

« Oui ! » « Oh, oui ! »

« Il est très important de respecter les autres équipes ! »
« Aucune tricherie ne sera acceptée ! »

« Comme dit grand-père écureuil : “Qui trichera, perdra tout… et surtout des amis !” » raconte Trefflé.

Hourra!
Hourra!
Hourra!

Le championnat est lancé !

Les quatre équipes s'appliquent à la première épreuve !

« Vite Trefflé, nous devons recueillir les indices cachés près de la grosse rivière du sud! »

L'équipe numéro **1** et l'équipe numéro **4** arrivent en même temps avec les indices, mais l'équipe de Siffleux et Drazel en a trouvé deux de plus.

Salto et Trefflé sont déçus, mais ils demandent rapidement les explications de la deuxième épreuve. Même s'ils ont recueilli moins d'indices, ils en ont assez pour passer à la prochaine étape.

La deuxième épreuve est lancée! Les deux amis s'appliquent à décoder les symboles sur la feuille de codes secrets. Et alors que les deux autres équipes reviennent à peine avec leurs résultats de la première épreuve, l'équipe numéro **1** s'écrie:

«Nous avons terminé la deuxième épreuve!»

«C'est impossible!»

Salto et Trefflé commencent à se demander si l'équipe numéro **1** ne tricherait pas un peu…

Et voilà que la troisième épreuve est lancée ! Une course à obstacles qui met à l'essai les plus habiles et les plus rusés. Salto a confiance, Trefflé et lui ont déjà relevé bien des défis.

Incroyable ! Pour une troisième fois consécutive, l'équipe numéro **1** remporte l'épreuve haut la main ! Siffleux et Drazel sont rapides comme l'éclair et précis dans leurs mouvements.

Cette épreuve est très difficile. Les membres des trois autres équipes sont tous fatigués.

«Tu crois qu'ils trichent ?» demande Trefflé.

«Je trouve ça suspect, en tout cas, nous devrions les surveiller attentivement lors de la prochaine épreuve!» répond Salto.

Alors que la quatrième épreuve se prépare, Salto regarde les membres de l'équipe numéro **1** droit dans les yeux.

«Si jamais vous trichez, je le saurai!»

«Mais, Salto, nous te jurons que nous ne trichons pas!»

«C'est ce que nous verrons!» ajoute Trefflé.

Un coup de sifflet et les quatre équipes entament l'épreuve.
Tout le monde travaille fort!

C'est prodigieux, l'équipe numéro **1** arrive encore première. Mais, au grand désarroi de Salto et Trefflé, il est évident que les membres de l'équipe gagnante de l'épreuve n'ont pas triché ! Les deux amis étaient pourtant certains de pouvoir les prendre la main dans le sac et prouver qu'ils étaient des tricheurs. Ce n'est pas le cas, l'équipe a bel et bien réussi à faire les différents nœuds demandés par les moniteurs.

« Vous n'avez peut-être pas triché, cette fois-ci, mais nous vous gardons à l'œil ! » grogne Salto.

Les sifflets retentissent ! Les moniteurs et toutes les équipes sont réunis, car c'est maintenant le temps de la dernière étape du championnat !

« L'ultime épreuve sera de vous créer un déguisement le plus rapidement avec ce que vous avez devant vous ! »

« À vos marques ! Prêts ? Partez ! »

Mais malgré la rapidité de toutes les équipes à fabriquer des déguisements, c'est encore l'équipe numéro **1** qui remporte l'épreuve, en plus d'être couronnée meilleure équipe du Grand championnat des espions en herbe !

Salto n'est pas content… **« Vous avez triché ! »**

« Mais non, nous n'avons pas triché ! »

« Et comment arrivez-vous à toujours gagner, alors ? »

« Nous avons de l'expérience, nous avons aussi fait le camp de l'an dernier ! »

« C'est notre deuxième année de camp ! »

Oups ! Salto et Trefflé sont mal à l'aise… Ils ont jugé trop rapidement leurs amis espions…

« Je suis désolé de vous avoir pris pour des tricheurs ! »

L'équipe de Siffleux et Drazel a donc vraiment mérité sa victoire. Réconciliés, tous les apprentis-espions se félicitent de leurs performances lors de cette longue nuit de championnat.

Salto et Trefflé sont fiers d'eux, car même s'ils ont terminé deuxième, ils ont toutefois relevé le défi du championnat. Malgré les épreuves difficiles, ils n'ont jamais abandonné.

Avec son ami Trefflé, Salto a réalisé un grand rêve.

Salto est le plus heureux des petits espions !